JOSEPH MURPHY

조셉 머피의 확언 365

매일의 부 에디션 만년 일력

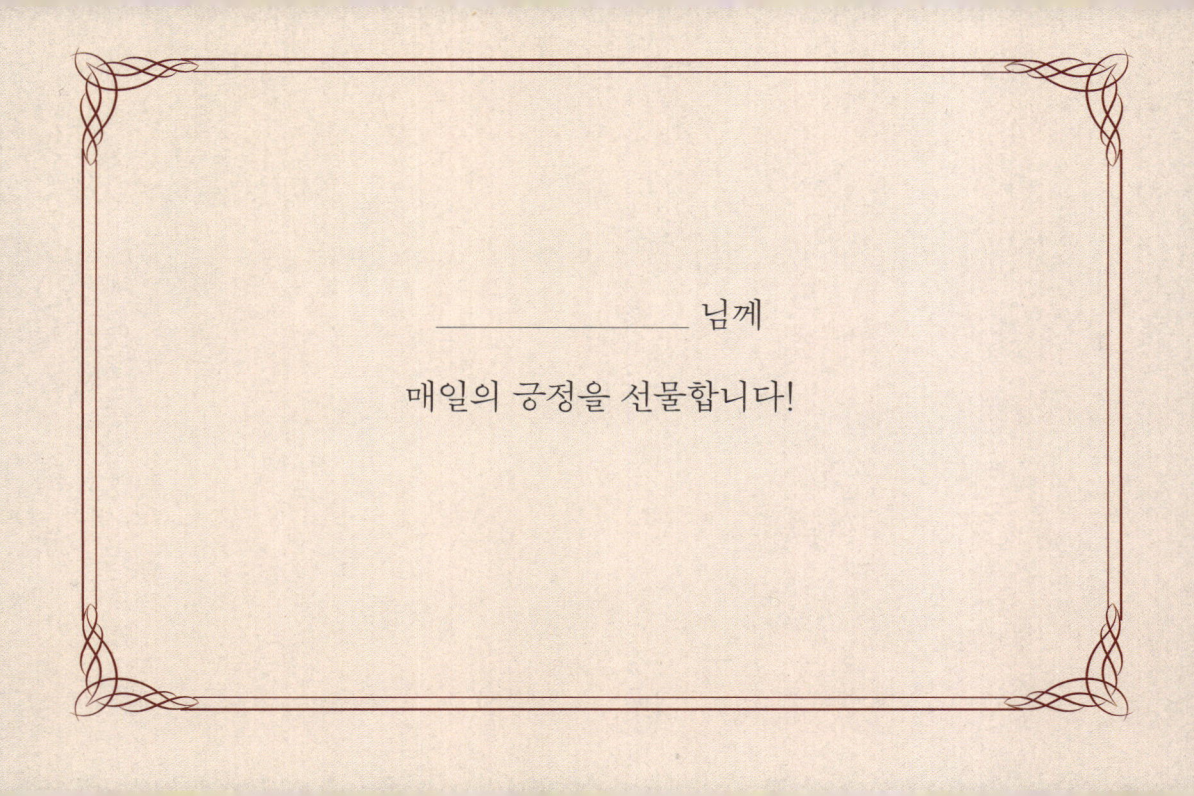

_____ 님께

매일의 긍정을 선물합니다!

JOSEPH MURPHY

The Classical Series of Subconscious Mind

Daily Wealth Edition

《조셉 머피의 확언 365》
만년 일력 사용법

1. 《조셉 머피의 확언 365》는 평생 활용할 수 있도록 날짜만 넣은 만년 일력입니다.

2. 확언 문장은 많은 독자분이 리뷰에서 발췌했던 문장들 중에서 뽑아서 만들었습니다. 독자가 직접 뽑은 문장들을 하루하루 되뇌이거나 필사해 보세요. 특히 매달 마지막 날의 문장은 마치 이미 이룬 것처럼 상상력을 발휘하여 확언을 해보세요.

3. 'Reading Tracker'로 몇 번 읽고 마음에 새겼는지 확인할 수 있습니다. 만년 일력이므로 다음 해에 같은 날짜에 하나씩 체크하면 확언 습관이 쌓인 걸 확인할 수 있습니다.

4. 'Today's Emotion'으로 나의 감정을 체크해 보세요. 확언을 되뇌거나 필사를 하기 전엔 자신의 상태를 정돈하고 안정을 취하면 더욱 효과적입니다. 확언을 하기 전과 하고 난 후의 감정도 비교해 보세요.

5. 문장 밑 출처를 통해 이 문장이 어느 책에 나와 있는지 확인하고, 지금의 나에게 맞는 책으로 '조셉 머피 잠재의식의 고전' 시리즈를 시작해 보세요.

"나는 정원사입니다. 생각의 씨앗을 뿌립니다.
이 아름다운 씨앗은
평화, 성공, 조화, 선의로 거둘 것입니다.
멋진 수확입니다."

《부의 초월자》

나만의 인생 확언을 만들어 보세요.

_____

_____

_____

Dec.
30

가장 먼저 해야 할 일은

삶에서 풍요를 찾기 전에

잠재의식을 풍요롭게 만드는 것이다.

《잠재의식의 힘》

나는
잠재의식을 지휘하는 선장이자
운명의 주인이다.

《잠재의식의 힘》

계속 앞으로 나아가라.

옳은 길로 가는 나를 막을 자는

그 누구도 없다.

신성하고 옳은 행동은 지금 나의 것이다.

《끌어당김의 기적》

현재를 살아라.

미래에 내가 생각하는 일이 벌어진다면

그건 내가 그렇다고 생각했기 때문이다.

《부의 초월자》

잠재의식에 담긴 모든 건

삶의 외적인 부문에서 곧 드러난다.

《영적 성장의 비밀》

커리어를 발전시키는 비결은
바로 '마음가짐'에 있다.

《성공의 연금술》

잠재의식에는 창조력이 깃들어 있으므로

내가 진심으로 원했던

삶의 본질을 창조해 나간다.

《성공의 연금술》

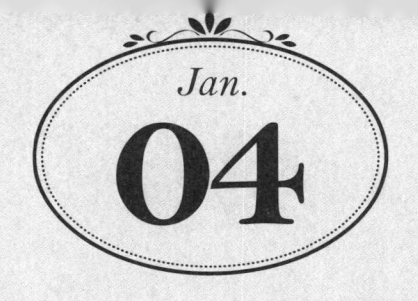

Jan.
04

'나는' 뒤에 붙이는
모든 말이 곧
나의 모습이 된다.

《영적 성장의 비밀》

이루고 싶은 결과를
최대한 생생하게 시각화한 다음,
그 상상을 현실로 이루는 일은
무한한 힘을 지닌 잠재의식에 맡겨두어라.

《부의 초월자》

우리는 세상의 근본적인 에너지인
우주 에너자이저의 통로이며,
우주 에너자이저는 창조적으로
발산될 곳을 찾고 있다.

《끌어당김의 기적》

Dec.
25

하나님은 그 누구도 벌하지 않으신다.

하나님은 이미 나를 용서하셨으므로

나도 나 자신을 용서해야 한다.

《영적 성장의 비밀》

나에게는 잠재의식을 변화시키는 힘이 있다.
잠재의식을 변화시키는 첫걸음은
긍정적인 사고 패턴을 흡수하는 것이다.

《성공의 연금술》

잠재의식에 불어넣은 강력한 암시는
병이 나으리라는 확신에 찬
기대감으로 바뀌어 치유력을 끌어낸다.

《잠재의식의 힘》

우리는 평소에도
생각과 말을 가려서 해야 한다.
돈이 부족하거나 이만큼밖에 없다는 말은
입 밖에도 꺼내지 마라.

《부의 초월자》

상황이 어렵더라도

끈질기게 용기를 내야 한다.

차분하고 평화로운 마음이

자신감으로 가득 차 있을 때 일을 완수한다.

《끌어당김의 기적》

그릇된 생각과
마음의 법칙에 대한 무지가
부정적인 일들을 일으키는 것이다.

《영적 성장의 비밀》

Dec.
22

지금 잘하고 있고 승리할 것이며

과거에 해냈듯이

미래에도 성공할 것이라고 격려하라.

《성공의 연금술》

생각은 에너지다.

나의 생각이 우주 의지의 생각과 일치할 때

우주 의지의 능력은

나의 선한 생각과 함께한다.

《끌어당김의 기적》

Dec.
21

태도를 바꾸는 것이
꿈을 현실로 이루는 관문을
열어주는 열쇠다.

《부의 초월자》

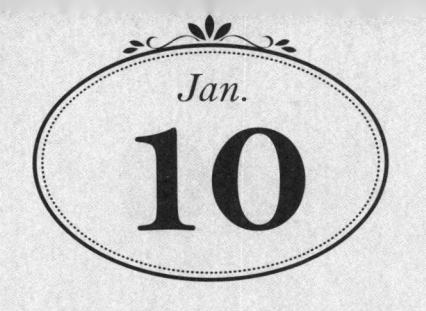

자신의 세계를 바꾸려면
내면을 변화시키는 것에서부터
출발해야 한다.

《잠재의식의 힘》

설령 정반대의 증거가 있다고 할지라도
확언한 내용이 사실이라는
마음가짐을 유지하면 기도의 응답을 받는다.

《잠재의식의 힘》

잠재의식에 소망을 새기려면
반복해서 확언하는 것만으로는 부족하다.
이미지를 긍정적인 감정의 열기로
태워야 한다.

《부의 초월자》

세상을 바꾸는 데
에너지를 소진하지 마라.
나만 바뀌면 된다는 사실을 기억하라.

《끌어당김의 기적》

땅에 씨앗을 심으면 싹이 트기 마련이다.

잠재의식은 토양과 같아서

씨앗의 질이 좋든 나쁘든

일단 싹을 틔운다.

《성공의 연금술》

우리는 삶에서 기대하는 걸 얻는다.

최고와 최선의 일을 기대하라.

차선에 안주해서는 안 된다.

《영적 성장의 비밀》

생명은 언제나 나를 용서한다.

화상을 입으면 생명은 상처를 치유하는데,

왜 나는 자신을 용서하고

자유로워지지 못하는가?

《영적 성장의 비밀》

목표를 설정하고 성공을 확신하는 경우,

결정을 내리는 걸

두려워할 필요가 없다.

《성공의 연금술》

마음의 작용을 믿고
반복해서 확언하라.
잠재의식에 인상을 남기면 표출된다.

《끌어당김의 기적》

과거는 힘이 없으며
중요한 것은 지금 이 순간이다.

《부의 초월자》

잠재의식은 외부 세계의 삶을
현상하는 거대한 암실이다.
그곳은 몸과 마음을 치유하는 공간이자
부가 생산되는 곳이다.

《잠재의식의 힘》

원하는 욕망에 몰두하고 또 몰두하라.

주관적인 생각은

늘 객관적인 현실이 된다는 것을 기억하라.

《잠재의식의 힘》

사고방식을 바꾸면
가치관과 행동뿐만 아니라
재정 상황도 긍정적으로 변한다.

《부의 초월자》

일이 지연되거나 좌절하거나 비판받더라도,
이를 발전의 디딤돌로 삼아
더 높은 단계로 가게 해달라고 기도하면
앞으로 나아간다.

《끌어당김의 기적》

문제를 직시하라.

생명의 원리는 항상 치유하고

회복하려는 습성이 있다는 걸 생각하고

잠재의식에 관한 지식으로 문제를 해결하라.

《성공의 연금술》

사랑스럽고 가치 있는 것과
나를 동일시한다면
나는 사랑이 넘치는 것만 볼 것이다.

《영적 성장의 비밀》

용서란 내가 바라는 것을
상대방에게도 진심으로
빌어주는 것이다.

《영적 성장의 비밀》

Dec.
12

내가 내린 결정이 좋다고 믿기 전에,
먼저 나 자신을 믿고 진정으로
나는 가치 있는 사람이라고 믿어야 한다.

《성공의 연금술》

결코 두려움에 굴복하지 마라.
두려움은 잘못된 것을 믿는 것처럼
앞뒤가 뒤집힌 믿음이다.

《끌어당김의 기적》

타인의 말은 나에게

아무런 힘도 미치지 못한다.

나를 조종하려는 사람이 있다면

긍정적인 힘을 발휘해 이를 거부해야 한다.

《부의 초월자》

Jan.
20

마음이 원하는 것의 답을
내면에서 살펴보라.
보물창고는 우리 내면에 있다.

《잠재의식의 힘》

잠재의식의 힘이 나에게 확신, 에너지

그리고 용기를 줄 것이다.

인내하며 계속하라.

날이 저물고 그림자가 사라질 때까지.

《잠재의식의 힘》

좋은 일은 좋은 일을 끌어당겨
내 삶에 좋은 일들이
차고 넘칠 것이다.

《부의 초월자》

목표, 목적은 한 번에 달성할 수 없고
마음속 소망은 단번에 실현되지 않는다.
일련의 단계들을 기꺼이 환영하라.

《끌어당김의 기적》

세상에 존재하는 힘은

단 하나다.

그리고 그 힘은 내 안에 있다.

《성공의 연금술》

모든 사람은
자신의 근원이 어디서 샘솟는지
알아야 한다.

《영적 성장의 비밀》

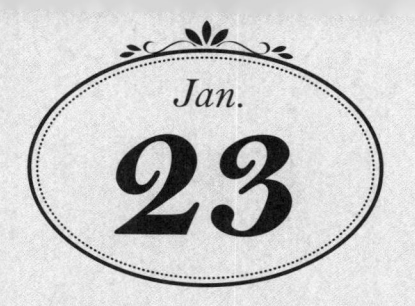

상상력이
미래의 나를 정한다.

《영적 성장의 비밀》

Dec.
07

성공하고 행복하며

자유로운 모습을 상상해 보면

정말 그렇게 될 것이다.

《성공의 연금술》

에너지는 방출될 때까지
내 안에서 펼쳐지지 않는 법이다.
모든 것은 본질에 따라
증가하고 배가된다는 것을 기억하라.

《끌어당김의 기적》

상상력은

자신이 떠올려 상상하는 내용을

생산적으로 바꾸는 능력이다.

《부의 초월자》

잠재의식의 심연에는
무한한 지혜와 힘
그리고 내가 필요로 하는
모든 것이 숨어 있다.

《잠재의식의 힘》

현재의식은 카메라이고
잠재의식은 카메라가 찍은 사진을
기록하는 필름이다. 원하는 사진이
나올 때까지 관심을 집중하라.

《잠재의식의 힘》

Jan.
26

부유하다고 느낄 때만 부를 끌어들인다.

실제로 재물이 많아야만

부유함을 느낄 수 있다고

착각하지만 정반대다.

《부의 초월자》

우리는 잠재의식에

엄청나게 큰 부를 소유하고 있다.

이를 인식하지 못하고

사용하지 않고 높이 사지 않을 뿐이다.

《끌어당김의 기적》

잠들기 전에 잠재의식 기도를 하거나
영감을 주는 문장을 읽으면서
부정적인 암시를 단호히 거부하라.

《성공의 연금술》

두려움은 두려워하는 것을 끌어당긴다.

두려워하는 것과 정반대의

원하는 것에 주의를 집중하라.

《영적 성장의 비밀》

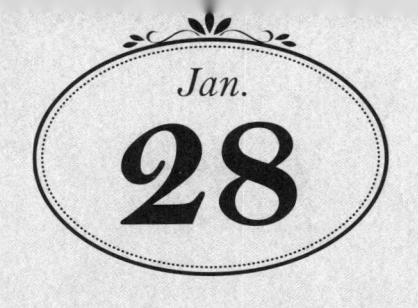

무한한 지성은
응답을 주는 본성이 있다.
반드시 답을 얻을 것이라고 이해하는 것이
믿음의 바탕이 되어야 한다.

《영적 성장의 비밀》

바쁜 일상에서 목표를 잊거나
목표와 멀어지지 않는 한 가지 방법은
목표를 글로 적는 것이다.

《성공의 연금술》

누군가가 날 질투하고 내 험담을 한다 해도
내게 상처를 줄 수는 없다.
다른 사람의 부정적인 생각에는
창조력이 없기 때문이다.

《끌어당김의 기적》

고결한 꿈을 꾸면

그대로 이뤄질 것이다.

사람은 비전이 있는 길을 따라 걷는다.

《부의 초월자》

삶에서 겉으로 발현되는 것은
결국 내부 세계가 의식적으로 또는
무의식적으로 만들어낸 창조물이다.

《잠재의식의 힘》

Nov.

30

"다른 사람들을 용서했습니다.

그 사람들을 마음속으로 떠올렸을 때

어떠한 상처도 없습니다."

《끌어당김의 기적》

"나는 튼튼하고 건강합니다.
신체와 정신이 온전하고 강합니다.
환하게 빛나고 영감을 받습니다."

《영적 성장의 비밀》

Nov.
29

몸은 11개월마다 다시 태어난다.
생각을 바꾸고 바꾼 생각을 유지함으로써
몸을 변화시켜 보자.

《잠재의식의 힘》

모든 성장은

자신으로부터 시작된다.

진심으로 그렇게 믿는다면

무엇이든 될 수 있다.

《끌어당김의 기적》

꿈을 목표로 바꾸고
충분히 노력을 들인 자만이
목표를 달성할 수 있다.

《성공의 연금술》

믿음의 도약을 해야 한다.
상상한 만큼 부자가 되리라
기대하고 감사하면서 살아야
원하는 것을 끌어올 수 있다.

《부의 초월자》

나는 내가 믿는 대로 된다.
사랑이신 하나님과 산 자의 땅에서
하나님의 선하심을 믿어라.

《영적 성장의 비밀》

삶을 개선할 수 있다고
확신해야 한다.

《성공의 연금술》

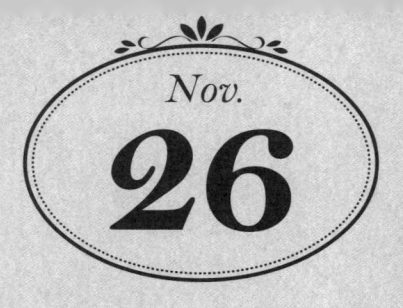
부는 여기저기에 흩어져 있다.

그래서 수중에 돈이 부족해서

돈을 빨리 벌어야 한다고 말하면

정말 돈이 생긴다.

《부의 초월자》

좋은 일을 생각하면 좋은 일이 생기고
나쁜 일을 생각하면 나쁜 일이 생긴다.
이것이 바로 마음이 작동하는 원리다.

《잠재의식의 힘》

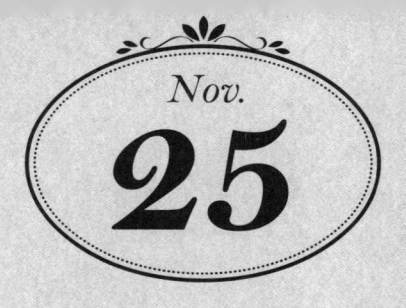

모든 질병은 마음에서 비롯된다.

마음을 긍정적인 확언으로 가득 채워

변화시키면 몸도 변화할 수 있다.

《잠재의식의 힘》

모든 건
꿈에서 시작된다.

《성공의 연금술》

잠재의식에 소망이 쌓이면,

해답이 발현된다.

《끌어당김의 기적》

운명은 <u>스스로</u> 결정하는 것이다.
진짜라 믿고 받아들이는 것만
내 것이 된다.

《부의 초월자》

다른 사람에게 당하거나 밟히는 건 잘못이다.

스스로를 낮춰 생각한다면

모두가 나를 밟으려 들 것이다.

《영적 성장의 비밀》

나는 내가 진정으로 믿는 것을

밖으로 드러내므로

생각의 변화만이 나를 자유롭게 할 수 있다.

《영적 성장의 비밀》

열정은 성공의 비결이다.

크게 성공한 사람들 대부분은

열정을 가지고 성공을 일구어나갔다.

《성공의 연금술》

자신이 원하는 결과를
정신적 패턴으로 만들어라.
그러면 신성한 질서에 따라
소망이 현실에서 이루어질 것이다.

《끌어당김의 기적》

자신감은 전염성이 있다.
자기 마음이 무엇을 원하는지
정확히 아는 사람에게는
자신감의 힘이 퍼진다.

《부의 초월자》

최종 결과를 마음속에 그리면
잠재의식이 응답하여
마음속 내용을 실현해 줄 것이다.

《잠재의식의 힘》

Nov.

20

나는 끝없이 무한한 삶이 낳은 아이이며

영원의 계승자다.

나는 훌륭한 사람이다!

《잠재의식의 힘》

핵심은 '마음과 생각을 훈련하는 것'이다.

마음 훈련이란

진심 어린 믿음과 의견, 이상, 열망을

살피고 이해하는 것이다.

《부의 초월자》

마음의 독소를 빼라.
지금 이 순간부터 눈에 나타나는
상태를 두려워하지 마라.

《끌어당김의 기적》

원하는 바를 글로 적고
하루에 몇 번씩 읽으며 잠재의식에 새겨라.
이 모든 게 지금 이루어졌다고 주장하면,
실제로 이루어진다.

《끌어당김의 기적》

Nov.
18

그늘을 걸으면 햇빛이 비친다.
이처럼 영적인 힘에 눈을 뜨면
평화를 느낀다.

《영적 성장의 비밀》

목표를 이루는 데 무엇도 나를 방해할 수

없다는 확실한 믿음을 가진 사람,

이를 악물고 끈기 있게

노력하는 사람이 승리할 것이다.

《성공의 연금술》

부족한 곳에서 풍요를,

능률이 오르지 않는 곳에서 효율을,

정체된 곳에서 성장을 상상할 수 있다.

《성공의 연금술》

Feb.
13

"나는 잠재의식의 힘으로
뭐든지 할 수 있다"라고 말함으로써
해내지 못하리라는 두려움을 극복하라.

《잠재의식의 힘》

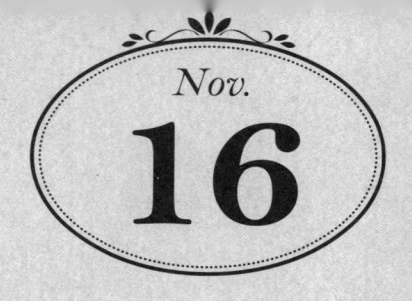

습관적으로 어떤 생각을 하는지,

삶을 바꾸고 싶다는 욕망이

얼마나 진실한지에 따라

영광스러운 삶을 살 수 있는지가 결정된다.

《부의 초월자》

좌절하여 분노를 뿜어낼 때,

이해할 수 없는 욕망을 품을 때,

질투나 불안을 느낄 때

병이 생긴다.

《영적 성장의 비밀》

사회라는 감옥의 죄수가 아닌,

사회의 생산자가 돼라.

내 재능을 마음껏 자랑하라.

《잠재의식의 힘》

돈을 인생의 유일한 목표로 두는 건

실수이자 잘못된 선택이다.

돈만 바라보면 균형이 무너지고

한쪽으로 치우친 삶을 산다.

《부의 초월자》

Nov.

14

모든 단계에 한결같은 자세로 임하면
성취의 기쁨을 누릴 것이다.

《끌어당김의 기적》

성취하고자 하는 바를
명확하게 표현하라.
목표는 구체적이고 확고해야 한다.

《성공의 연금술》

타인을 바꾸려고 노력하지 마라.

나만 바뀌면 된다.

태도를 바꾸고 관점을 바꿔라.

세상을 바꾸려는 노력을 멈춰라.

《영적 성장의 비밀》

Feb.
17

효과적인 기도란
긍정적인 태도를 견지해
확신으로 변화시키는 것이다.

《영적 성장의 비밀》

정체하지 말고 변화를 주어라.

때로는 일보 전진하기 위해

후퇴해야 할 때도 있다.

《성공의 연금술》

Feb.
18

원하는 것을 얻으려면

대가를 치르는 법을 배워야 한다.

내가 치러야 하는 대가는

믿음이다.

《끌어당김의 기적》

잠재의식에 바랄 때는 가볍게 생각하라.
확언의 응답을 받을지 불안해하는 건
잠재의식의 지혜를
신뢰하지 않는다는 뜻이다.

《부의 초월자》

잠재의식에는
감정이 담겨 있고
창조력이 깃들어 있다.

《잠재의식의 힘》

두려움은 마음속 생각이다.

두려움을 느끼는 사람은

결국 자기 생각을 두려워하는 사람이다.

《잠재의식의 힘》

"절대 그럴 여유가 없어" 같은
혼잣말을 하면 부정적인 이미지가
잠재의식에 도달해
현실 세계에서 발현된다.

《부의 초월자》

모든 문제에는 해결책이 있고,

모든 질문에는 답이 있다.

《끌어당김의 기적》

장기적으로 달성하고자 하는

목표의 목록을 만들고,

중기와 단기 목표로 나누어라.

《성공의 연금술》

산의 호수가 잔잔하지 않을 때는
하늘에서 쏟아지는 빛을 반사하지 못한다.

《영적 성장의 비밀》

상상력은 인간의 원초적인 능력이다.
상상력을 현명하고 분별력 있고
건설적으로 사용해야 한다.

《영적 성장의 비밀》

정신적, 육체적, 정서적 문제로

일에 지장을 받는다면

<u>스스로에게 물어야 한다.</u>

내가 무언가를 외면하고 있지 않은가?

《성공의 연금술》

내면의 말이나 대화가
우주의 스크린에
표출되리라는 것을 깨닫고
목표와 목적을 계속 주시하라.

《끌어당김의 기적》

모든 생각은 행동의 첫걸음이다.
잠재의식에서 부를 생각하면
인생의 모든 방면에서
부를 경험할 것이다.

《부의 초월자》

잠재의식은 선택하거나
비교하는 능력이 없다.
암시하는 내용이 거짓일지라도
잠재의식은 곧이곧대로 받아들인다.

《잠재의식의 힘》

인내, 친절, 사랑, 선의,
기쁨, 행복, 지혜, 이해는
절대 나이 들지 않는 성품이다.

《잠재의식의 힘》

Feb.
25

성공은 의지가 아닌 자존감의 문제다.
성공한 사람들은 내면의 힘을 믿는다.

《성공의 연금술》

세상에서 나를 성공 가도에

올려놓을 수 있는 사람은

나뿐이다.

《성공의 연금술》

이미지에 생명을 불어넣고
이미지가 드러나리라고 확신하면,
내가 품은 이미지가
경험으로 생생하게 드러날 것이다.

《영적 성장의 비밀》

상상력은 인간의 가장 강력한 능력 중 하나로
잠재의식의 깊은 곳까지
도달하도록 도와주는 도구다.

《부의 초월자》

내가 원하는 것에 흥미를 기울여 보라.

생각은 감정을 유도한다.

이를 반복하다 보면 잠재의식에 새겨지고

반드시 이루어진다.

《끌어당김의 기적》

특정한 생각을 반복하고
기쁨과 경이로움을 느끼면
그것이 잠재의식으로 들어가 법칙이 된다.

《영적 성장의 비밀》

습관은
잠재의식에서 싹튼다.

《잠재의식의 힘》

과거는 죽었다.

지금 이 순간 외에 중요한 건 아무것도 없다.

현재의 생각을 바꾸고 새로운 사고방식을

고수하면 운명이 바뀔 것이다.

《끌어당김의 기적》

"나는 밤낮으로 발전하고
앞으로 나아가며 성장합니다.
영적으로 풍요로워지면서
즐길 수 있는 것들이 마련됩니다."

《부의 초월자》

"나는 무한한 재물이
눈사태처럼 끝없이 내게
쏟아진다고 믿습니다."

《부의 초월자》

Mar.
01

성공을 생각하라.

나는 성공하고 이기기 위해

이 세상에 왔다.

《성공의 연금술》

꿈꾸는 것을 멈추고

삶을 향한 관심을 잃으면

늙기 시작한다.

《잠재의식의 힘》

잠재의식은 농담과 진담을
구분하지 못한다는 걸 기억하라.
잠재의식은 모든 말을
있는 그대로 받아들인다.

《잠재의식의 힘》

예언에는 아무런 의미가 없다.

기도를 통해 운명을 바꿀 수 있다.

《끌어당김의 기적》

풍요로운 생각은 풍요를 낳고,
결핍된 생각은 결핍을 낳는다.
그러니 부자는 더욱 부를 갖고,
가난한 사람은 더 가난해진다.

《부의 초월자》

Oct.
28

아름다움은
보는 사람의 눈에 담겨 있기에
저마다 다른 세상을 본다.

《영적 성장의 비밀》

오랫동안 마음을 부정적이고
자기 파괴적인 방법으로 사용했다 할지라도
올바르게 마음을 사용하는 순간
올바른 결과가 뒤따른다.

《영적 성장의 비밀》

내 능력을 남이 알게 하라.

《성공의 연금술》

어떠한 경우에도 '안 된다'라는
단어를 사용하지 마라.
잠재의식이 이를 그대로 받아들여
좋은 것이 흘러야 할 길을 막는다.

《끌어당김의 기적》

Oct.

26

타인에 대한 생각은 나만의 생각일 뿐이다.

생각하는 사람이 바로 나 자신이기 때문이다.

《잠재의식의 힘》

Mar.
06

돈을 원한다면
돈과 친하게 지내면 된다.
돈과 가깝게 지내면
돈이 부족할 일은 절대로 없다.

《부의 초월자》

모든 일은 결국 지나간다.

영원한 건 아무것도 없다.

《끌어당김의 기적》

격정과 두려움은 그릇된 믿음이다.
이 감정들에게 주의를 기울이지 않으면
그것들은 힘을 잃는다.

《성공의 연금술》

시간과 공간을 초월한

무한한 자가 내 안에 있다.

눈 깜짝할 사이에 나는 변할 수 있다.

《영적 성장의 비밀》

내가 종일 어떤 생각을 하느냐에 따라
나라는 사람이 결정된다.
한 사람의 성품은 생각의 총체다.

《영적 성장의 비밀》

인간이 가진 가장 큰 선물은
자유로운 선택을 하는 능력이다.

《성공의 연금술》

부와 관련된 짧은 문구를 계속 반복하라.

잠재의식의 법칙은 강제성이 있기에

이 문구가 의식 깊이 각인되면

부로 표출될 것이다.

《끌어당김의 기적》

나 자신을 어떻게 인지하느냐에 따라

다른 사람이 나를 대하는

태도도 달라진다.

《부의 초월자》

다른 사람이 한 말이나 암시는
나에게 상처를 줄 힘이 없다.

《잠재의식의 힘》

용서는 주는 것이다.

마음속에 그 어떤 원한도 남지 않을 때까지

사랑, 평화, 기쁨, 지혜를

비롯한 삶의 모든 축복을 베풀어라.

《잠재의식의 힘》

의식은 삶의 유일한 창조력이다.
생각과 느낌, 현재의식과 잠재의식은
나의 모든 경험을 창조한다.

《부의 초월자》

풍요가 눈사태가 되어 쏟아지듯

부가 나에게 흘러들어 온다고

진심을 다해 믿으면

잠재의식이 응답을 줄 것이다.

《끌어당김의 기적》

Mar.
12

내가 하고자 하는 일을

먼저 상상속으로 그려보지 않으면

실제로도 해낼 수 없다.

상상에서의 성취가 전제되어야 한다.

《성공의 연금술》

사랑은 두려움을 내쫓는다.

《영적 성장의 비밀》

Mar.
13

어떤 생각을

습관적으로 하는가에 따라

삶은 기쁨으로 가득 찰 수도 있고,

고통으로 가득 찰 수도 있다.

《영적 성장의 비밀》

거절하는 걸 두려워하지 마라.

《성공의 연금술》

내면의 우주 에너자이저와

규칙적이고 체계적으로 조화를 이루면,

무궁무진한 보물창고에서

필요한 모든 것을 끌어다 쓸 수 있다.

《끌어당김의 기적》

삶은 나에게 주어진 선물이고
생명을 표현하며,
나는 숨겨진 재능을 온 세상에
마음껏 펼치기 위해 이 세상에 태어났다.

《부의 초월자》

잠재의식은
잠들거나 쉬지 않고
24시간 작동한다.

《잠재의식의 힘》

비판에 상처를 입을지 말지는
내 선택이다.

《잠재의식의 힘》

Mar.
16

선택은 내 생각에 달렸다.

운명을 빚고

운명을 좌우하는 사람은

바로 나다.

《부의 초월자》

집중하고 주의를 기울이면 잠재의식에
부와 성공의 아이디어를 전달할 수 있다.
잠재의식은 그 나름의 방식으로
답을 줄 것이다.

《끌어당김의 기적》

나를 지배하는 건 나에 대한 평가와

청사진 그리고 믿음이다.

그러나 중요한 건 나에 대한

다른 사람의 믿음이 아니다.

《성공의 연금술》

지식을 갖추었다고
인생에서 성공하는 건 아니다.
단순한 지식보다 영감, 지혜, 열정, 성실함,
다정함, 선의가 있어야 성공한다.

《영적 성장의 비밀》

Mar.
18

자신을 용서하고
스스로를 높게 평가하라.
나는 무한자의 자녀다.

《끌어당김의 기적》

내가 되고자 하는 모습을 사랑해야 하고
지금의 나를 포기해야 한다.
옛것을 기꺼이 놓아주어야
새로운 경험을 할 수 있다.

《성공의 연금술》

좋은 생각은 토실한 열매를,

나쁜 생각은 형편없는 열매를 맺는다.

《영적 성장의 비밀》

모든 사람은 나의 안녕에 기여한다.
내가 먼저 감사하면
그들의 선의와 잠재의식이 이어져,
세상의 부가 자연스럽게 나에게 온다.

《부의 초월자》

잠재의식에 새겨진 내용은
외부로 표출된다.

《잠재의식의 힘》

선행을 베풀고 친절한 마음을 나누면
내가 보낸 사랑과 선의가 더 커져
여러 방법으로 나에게 돌아올 것이다.

《잠재의식의 힘》

Mar.
21

나는 하나님의 자녀다.

부모님 탓으로도 감히 돌릴 수 없는 일을

하나님 탓으로 돌리는 건

상상도 할 수 없는 일이다.

《영적 성장의 비밀》

삶은 덧셈이다.

잠재의식은 언제나 가진 것을 늘린다.

우리도 삶에 성장과 부, 권력, 지식,

믿음, 지혜를 더할 수 있다.

《끌어당김의 기적》

이것저것 저울질하는
현재의식을 정지시키고,
잠재의식에 그 어떤 걱정도
나를 움직일 수 없다고 새겨라.

《부의 초월자》

절대로 우울과 화, 분노, 자책의
옷을 입고 잠들지 마라.

《영적 성장의 비밀》

장애물이 클수록
경험의 가치도 커진다.

《성공의 연금술》

다른 사람이 나의 시각으로

사물을 보게 하는 힘이

바로 판매의 본질이다.

《성공의 연금술》

열정을 가지고 스스로를 믿고
자신에게 숨겨진 능력이 있다고 믿어라.
그러면 기적이 일어날 것이다.

《끌어당김의 기적》

Oct.
07

차분하고 마음이 정돈된 사람은
자연스럽게 뿜어져 나오는 자신감으로
주변 사람들이 저절로 따른다.

《부의 초월자》

균형과 조화를 이룬다는 것은

들어가는 것과 나가는 것이 같고,

내면에 각인된 인상과

외부로 표출되는 내용이 같다는 의미다.

《잠재의식의 힘》

공감은 타인의 감정을 이해하는 연민보다
더 깊은 감정으로,
타인의 정신 상태와 태도에
자신의 모습을 투사하는 것을 뜻한다.

《잠재의식의 힘》

잠재의식은 좋은 일을

차고 넘치게 한다.

태도는 믿음을 시사하기 때문에

애쓰면서 노력하려는 태도를 버려라.

《부의 초월자》

나는 생각과 감정, 신념이 있는
내면 세계에서 살고 있다.
내면은 외면을 통제한다.

《끌어당김의 기적》

나 자신에게 하는 격려의 말은

현재의식에 심는

자존감의 씨앗이다.

《성공의 연금술》

Oct.
04

어떤 생각을 하는지에 대한 책임은
오롯이 나에게 있음을 잊어서는 안 된다.
나는 나의 우주에서
생각하는 유일한 사람이다.

《영적 성장의 비밀》

좋고 나쁜 건 다 내 생각에 달렸다.
어떤 생각과 느낌을 지니느냐에 따라
우주 만물에 다른 색을 입힐 수 있다.

《영적 성장의 비밀》

일을 빨리 하는 게

시간 관리는 아니다.

길고 꾸준한 노력을 할 때만

진정한 성취를 이룰 수 있다.

《성공의 연금술》

목표를 성취하는 모습을

마음속에 자주 그림으로써

마음속 이상에 활기를 불어넣어라.

《끌어당김의 기적》

감사하는 마음은 그 자체로

마음속에서 우러나오는 확언이며,

이 말의 힘은 나를 축복한다.

《부의 초월자》

Mar.
30

모든 치유 과정은
'믿음'이라는 확고하고 긍정적인
태도나 사고방식에서 나온다.

《잠재의식의 힘》

Oct.

01

소망이 실제로 이루어지는 걸
상상하고 짜릿한 성취감을 느낄 때
잠재의식은 소망을 실현한다.

《잠재의식의 힘》

Mar.

31

"아주 좋은 일만

일어날 거라고 기대하면서

기쁨 속에서 살고 있습니다.

언제나 아주 좋은 일만 생깁니다."

《부의 초월자》

Sept.
30

"잠재의식의 무한한 지성은
내가 있어야 할 자리를 알려줍니다."

《성공의 연금술》

나 자신을 믿어라.

인생에서 결정을 내릴 때

주저하지 마라.

《성공의 연금술》

가까운 지인들이 걱정된다면,

그들의 모습을 마음속으로 상상하라.

이 이미지를 마음속에 자주 품으면

기적이 일어날 것이다.

《끌어당김의 기적》

열망하는 만큼 높이 올라가고
나 자신을 낮추는 만큼
낮게 내려갈 것이다.

《영적 성장의 비밀》

날개에 진흙을 묻히면 날개는 소용이 없다.
세상의 진흙과 먼지 같은 생각을 버리자.

《영적 성장의 비밀》

마음의 법칙은 정해져 있고

모두에게 중립적으로 적용된다.

도덕적인 판단을 하지 않지만

좋은 것을 택하면 좋은 일이 따라온다.

《끌어당김의 기적》

Sept.
27

다른 사람을 후하게 축복하면
나도 축복을 받을 것이다.
형제의 집에 오는 배는
내 집으로도 온다.

《부의 초월자》

가장 놀라운 건 원하는 결말을 상상하고
현실로 느끼면 무한한 생명의 원리가
현재의식의 선택과 요구에
응답한다는 것이다.

《잠재의식의 힘》

놀라운 잠재의식의 힘을

활용하지 못하면

인생을 아주 좁은 방 안에 가두는 셈이다.

《잠재의식의 힘》

기쁨은 삶의 정신이자 표현이다.

기쁨으로 가득 차 있을 때는

무엇을 하든 힘들이지 않고 해낸다.

기쁘면 마음이 부를 끌어당긴다.

《부의 초월자》

Sept.
25

태양 아래 모든 것에는 때가 있다.

시간은 시계로만 측정되는 게 아니다.

《끌어당김의 기적》

내가 나에게 못되게 굴면

전 세계 어디를 가든지

나에게 못되게 구는 사람들만

만나게 될 것이다.

《성공의 연금술》

사랑은 자신과 성질이 다른

모든 것을 몰아낸다.

《영적 성장의 비밀》

사람들은 겉으로 보이는 모습만 인식하고
사물의 진정한 상태를 보지 못한다.
'해가 뜨고 진다'고 하지만
해는 뜨지도 지지도 않는다.

《영적 성장의 비밀》

내 마음을 일으켜 세우면
모든 것을 끌어당긴다.

《성공의 연금술》

Apr.
08

두려움이라는 괴물이
나를 좌지우지하도록 내버려두는 건
어리석은 일이다. 그렇게 놔두기엔
나는 너무 똑똑하고 멋진 사람이다.

《끌어당김의 기적》

침묵 속에서

자극적인 오감에 주의를 끄고,

사랑으로 영혼을 채우면

내 안의 무한한 지성과 교감할 수 있다.

《부의 초월자》

진정으로 치유력이 필요하다면

믿음을 통해서만

치유력을 발산시킬 수 있다는 사실을

잊지 말아야 한다.

《잠재의식의 힘》

타인의 말은
내가 허락하지 않는 한
나를 방해할 수 없다.

《잠재의식의 힘》

Apr.
10

무슨일이 있어도 다른 사람을

부러워하거나 질투하지 마라.

부러워하면 결핍과 한계를

끌어당겨 궁핍해진다.

《부의 초월자》

잠재의식의 작용 방식은

너무 깊어서 헤아리기 어렵다.

잠재의식은 30배, 60배, 100배로 불린다.

이게 바로 믿음의 마법이다.

《끌어당김의 기적》

"나는 담배를 피우지 않을 거야"라고
계속 되뇌면 잠재의식은
담배를 피우는 행위에 초점을 맞춘다.

《성공의 연금술》

사람들 대부분은
외면을 바라보며 삶을 살아가지만
지혜로운 사람은
내면을 들여다보는 법을 배운다.

《영적 성장의 비밀》

특별한 선물을 가지고 태어난 나는

세상 그 누구도

표현할 수 없는 방식으로

생명을 표현할 수 있다.

《영적 성장의 비밀》

다른 사람의 말과 행동은

내가 허용하지 않는 한

절대로 나를 해칠 수 없다.

《성공의 연금술》

큰 꿈을 꾸면 그대로 된다.

하지만 꿈을 이루려면

믿음과 자신감의 기반을 반드시

우주 의지의 능력 안에 두어야 한다.

《끌어당김의 기적》

진정한 부자는

생각에 창조력이 깃들어 있다는 걸 알고,

부자가 되고 번영하리라는 생각을

잠재의식에 계속해서 새기는 사람이다.

《부의 초월자》

병을 치유하고, 영감을 주고,
몸과 마음을 튼튼하게 하고,
번영하게 하는
잠재의식의 힘을 믿어라.

《잠재의식의 힘》

Sept.
16

두려운 마음이 불쑥 떠오를 때나
마음에 걱정, 불안, 의심이 싹틀 때는
상상과 목표에 집중하라.

《잠재의식의 힘》

무언가를 상상할 때는

질투나 걱정 등 정신적 불순물을 없앤 채

객관적인 인생의 목적이나

목표에 온 신경을 집중해야 한다.

《부의 초월자》

삶을 바꾸려면 삶에 대한 반응을 바꿔야 한다.

보는 대로 된다.

우주의 섭리를 보면 우주의 섭리가 되고,

먼지를 보면 먼지가 된다.

《끌어당김의 기적》

Apr.
16

다른 사람을 비난하고
비판하고 흠잡기 시작하면,
나 역시 비판하는 대상과 닮아갈 것이다.

《영적 성장의 비밀》

나무와 마찬가지로 우리는

인생의 우여곡절을 마주할 때

유연하게 휘어질 수 있어야 한다.

《영적 성장의 비밀》

잠재의식에
친절과 평화를 쏟아붓고
타인을 용서하라.

《성공의 연금술》

자존감이 없다면
어떻게 내 결정이 가치 있다고
자신할 수 있겠는가?

《성공의 연금술》

우리는 비전이 있는 곳으로 향한다.

여기서 비전이란 내 마음이 보고 있는 것,

주의를 기울이는 것,

집중하고 있는 이상을 말한다.

《끌어당김의 기적》

Sept.

12

용서란 타인에게 사랑과 평화, 축복을
베푸는 것이다. 베풀면 받는다.
마음속에 박힌 가시가 사라질 때까지
그 사람을 축복하라.

《부의 초월자》

Apr.
19

잠재의식은

우리가 마땅히 있어야 할

곳으로 인도한다.

《잠재의식의 힘》

사람은 생각하고 느끼는 대로 산다.

《잠재의식의 힘》

욕망은 선물이다.

욕망은 원하는 걸 성취하는 첫걸음이며,

우리를 더 나은 곳으로

밀어주는 자극제다.

《부의 초월자》

그릇된 생각이 가짜 힘을 자랑하며
나를 위협할 수 있다.
그런 생각이 나를 괴롭히게 두지 마라.
그 생각을 마주하고 억눌러라.

《끌어당김의 기적》

커리어의 방향키를
쥐고 있는 사람은 나다.
직장 상사와 동료가 커리어를
흔들게 내버려 두어서는 안 된다.

《성공의 연금술》

통증은 전화위복이다.

통증은 현재 내가 마음을

잘못 사용하고 있음을 알리는 신호다.

《영적 성장의 비밀》

치러야 할 대가는
밤늦게까지 고된 일을 하는 게 아니라,
잠재의식에 부라는 아이디어를
심어주는 것이다.

《영적 성장의 비밀》

나 자신에게 동기를 부여하는
가장 효과적인 방법은
성취하려는 목표에 전념하는 것이다.

《성공의 연금술》

돈을 많이 벌고 싶다면
이미 많은 돈을 가졌다고 상상하며
현명하게 돈을 쓸 방법에 관해
내면의 자신과 대화하라.

《끌어당김의 기적》

부는 마음에서 나온다.

부는 현재의식의 상태이자

마음의 태도이며,

무한한 부를 받아들인 상태다.

《부의 초월자》

Apr.
24

내게 선택할 힘이 있음을 잊지 말자.

삶을 선택하자.

건강을 선택하자.

행복을 선택하자!

《잠재의식의 힘》

이 세상에 바꿔야 하는 사람은

자신뿐이라는 사실을 배워야 한다.

《잠재의식의 힘》

주어진 모든 축복에 감사하라.

사랑과 아름다움을 두 눈으로 바라보면

사랑과 아름다움뿐 아니라

무한한 부가 되돌아올 것이다.

《부의 초월자》

나는 스스로 발전기가 되어
올바른 생각과 감정, 마음의 태도를 통해
숨겨진 힘을 발산할 수 있다.

《끌어당김의 기적》

사람은 자석과 같다.

나와 같은 생각을 하고

비슷한 이상을 가진 사람들을

끊임없이 끌어당겨 관계를 맺는다.

《성공의 연금술》

스스로 나를 어떻게 생각하는지,

나의 가치를 어떻게 평가하는지에 따라

사회적, 직업적 지위와 재정 상황이 결정된다.

《영적 성장의 비밀》

말의 힘은
그 말에 깃든 느낌과
믿음에 따라 달라진다.

《잠재의식의 힘》

스스로에 대한 내 태도는
다른 사람이 나를 대하는
태도의 기초가 된다.

《성공의 연금술》

Apr.
28

태도가 바뀌면 모든 게 바뀐다.

차분한 마음으로 임하라.

그 어떤 상황이 가진 힘보다

내면에 있는 힘이 더 크다.

《영적 성장의 비밀》

잠재의식은 은행과 같다.

당장은 돈이 없더라도 마음속에 은행이 있고,

차고 넘칠 정도로 무한한 돈이 준비되어 있다.

《부의 초월자》

내면의 목소리가
내 목표와 일치하는가?
그렇다면 기도의 응답을 받는
기쁨에 빠질 것이다.

《끌어당김의 기적》

행복을 택해야 한다.

행복은 습관이다.

자주 떠올리며 곰곰이 생각해야 하는

좋은 습관이다.

《잠재의식의 힘》

Apr.
30

"나는 나쁜 습관에서 완전히 해방됩니다.
조화와 평화가 내 마음을
가득 채우고 있습니다."

《잠재의식의 힘》

"무한한 에너지가 나에게 생기를 불어넣고,
창의적인 아이디어가 내 안에서 펼쳐지며,
내가 알아야 할 모든 것을 드러냅니다."

《끌어당김의 기적》

나에게 사랑이 없다면

나는 아무것도 아닌 존재다.

사랑이 믿음을 작동하게 한다.

《끌어당김의 기적》

재능과 능력, 사랑, 다정함, 온정, 선의를
나누려는 소망은 결코
나를 실망시키지 않을 것이다.

《영적 성장의 비밀》

밝음은 사람을 끌어당긴다.

《성공의 연금술》

누군가가 뭐라고 하면

그냥 한 귀로 흘려들어라.

부정적인 말을 차단하고

삶에 긍정적인 면에만 집중하라.

《성공의 연금술》

부유하고 영광스러운 미래를 계획하라.

미래를 계획하는 것은

지금을 계획하는 것과 다름없다.

《부의 초월자》

부는 내 주변 곳곳에 널려 있다.

아무리 크게 숨을 쉬어도

공기는 항상 넘쳐나는 것처럼

어디에나 있고 부족함이 없다.

《부의 초월자》

계속해서 묻고 찾으며 두드리면
잠재의식은 반드시 반응할 것이다.

《영적 성장의 비밀》

Aug.
27

미래는 습관적으로 하는

생각의 결과다.

《잠재의식의 힘》

남에게 베풀 때 다른 사람이
성장하고 발전할 기회를 빼앗지 마라.
힘든 일을 극복하면서
내면의 힘을 발견할 기회를 주어라.

《부의 초월자》

직관은 내면에서 오는 가르침이다.

직관은 현재의식의 생각에 반응하여

잠재의식에서 나오는 답변이다.

《끌어당김의 기적》

성격에 투자하면 만족스러운
삶을 살아갈 수 있으므로
자본에 투자하는 것보다 백배 낫다.

《성공의 연금술》

성공과 실패는

마음속에 있는 두 가지 생각이다.

성공한 자신의 모습을 상상하고

생생하게 느끼면, 큰 성공을 거둘 수 있다.

《영적 성장의 비밀》

지금 내가 좋은 사람이라면

과거에도 좋은 사람이다.

《영적 성장의 비밀》

생기와 활력이 가장 넘치는 시간에

제일 두렵거나 싫어하는 일을 하라.

《성공의 연금술》

May
08

더 많은 사랑을 베풀수록
더 많은 사랑을 돌려받는다.

《잠재의식의 힘》

나의 진정한 상사는
마음을 지배하는 정신적 태도다.
마음에 품은 아이디어는 나의 주인으로,
나의 태도를 결정한다.

《부의 초월자》

바라던 결과를 얻었다는
관점에서 생각하라. 내면의 말,
즉 자기 자신에게 속삭이는 말이
모든 소망을 실현해 준다.

《끌어당김의 기적》

작용과 반작용의 법칙은 보편적이다.

작용은 나의 생각이고

반작용은 잠재의식이 내게 건네는 대답이다.

《잠재의식의 힘》

May
10

할 수 있다고 믿고
상상한 것은
모두 이룰 수 있다.

《부의 초월자》

현재의식이 차분하고 수용적이며
편안한 상태에 있을 때
잠재의식은 비로소 해답을 준다.

《끌어당김의 기적》

May

11

좋은 습관을 기르는 가장 좋은 방법은
단점이나 안 좋은 습관을 뿌리 뽑기보다는
그 반대의 자질을 기르는 것이다.

《성공의 연금술》

인간은 규칙적으로 진동하는,
움직이는 존재다. 우리의 몸은
우주의 다른 모든 것들과 마찬가지로
리듬의 법칙을 따른다.

《영적 성장의 비밀》

생각은 믿음의 표현이다.

그러므로 잠재의식에 새긴 것은

모두 내가 믿는 바에 따라 재현된다.

《끌어당김의 기적》

더 높고 나은 것을 갈망하는 것은
낮은 수준에 안주하려고 하는 사람에게
최선의 해독제이자 치료법이다.

《성공의 연금술》

믿음은 땅에 심은 씨앗처럼

나의 아이디어를 펼치는 데 필요한

모든 것을 끌어당긴다.

《영적 성장의 비밀》

생각의 씨앗을 심으면 씨앗이 자라

경험으로 드러나리라 믿습니다.

실제로 일어난다고 느끼면

정말 현실이 됩니다.

《부의 초월자》

잠재의식은 무한한 지식과
끝없는 지혜에 맞닿아 있으며,
생명을 향해 생각하고 움직인다.

《잠재의식의 힘》

좋아하는 일을 찾아서 하라.

《잠재의식의 힘》

사람들과 가족, 동료에게

깊은 감사를 표하라.

사람들은 감사의 인사를 듣고 싶어 한다.

사랑을 담아 마음껏 감사를 표현하라.

《부의 초월자》

Aug.
16

용서와 사랑은 영적인 해독제다.

용서와 사랑이라는 해독제를 사용하면

치유가 뒤따른다.

《끌어당김의 기적》

현재의식에 긍정적인 생각을 새겨라.
격정과 두려움은 내가 허락할 때만
내 인생을 지배할 수 있다.

《성공의 연금술》

마음을 사용하는 방식에 대한 책임은

나 자신에게 있다.

나는 지금 당장 바뀔 수 있으며

내 생각과 행동에 책임을 질 수 있다.

《영적 성장의 비밀》

기도 또는 명상은 마음을 안정시키고
완전한 휴식을 취할 기회를 준다.
이렇게 편안한 상태에서 답을 구하면
해답이 나올 것이다.

《영적 성장의 비밀》

강인한 체력과 튼튼한 몸은
사람들을 끌어당기고
활력이 넘치는 성격을 형성하는 데
도움이 된다.

《성공의 연금술》

무엇을 할지 모를 때는 친절한 일을 하라.

친절은 사랑의 결과물이다.

놀라운 축복이 내 안에 숨겨져 있다.

좋은 일만 생길 것이다.

《끌어당김의 기적》

말의 힘은
핵무기나 원자폭탄보다 강하다. 왜냐하면
이러한 무기를 사용할지 말지 결정하는 게
바로 말이기 때문이다.

《부의 초월자》

우리는 모두 내면의
생각과 감정, 힘 그리고 빛과 사랑,
아름다움을 발견할 권리가 있다.

《잠재의식의 힘》

Aug.
12

성공한 사람들이
삶에서 가장 이루고 싶어 하는 것은
인류에 공헌하는 일이다.

《잠재의식의 힘》

원하는 것을 얻으려고 지나치게 애쓰지 마라.

무언가를 억지로 하려고 하면 잘 안 된다.

태도는 믿음을 시사하기 때문이다.

《부의 초월자》

상상력은 '신의 작업장'이다.

특정한 결말을 명확하게 정하고 상상하라.

소망이 이루어진 현실성을 느끼면

결과가 따라올 것이다.

《끌어당김의 기적》

긍정적인 믿음은 열정을 불러일으키고
성취의 세계로 가는 문이
서서히 열리도록 만들 것이다.

《성공의 연금술》

Aug.
10

더러운 그릇에

깨끗한 물을 붓지는 않는 법이다.

여기서 그릇이란 나의 마음이다.

《영적 성장의 비밀》

원인은 내 안에 있고,

내 생각이 원인을 만든다.

《영적 성장의 비밀》

Aug.
09

격정은 불길한 그림자를 모아놓은 것

그 이상도 이하도 아니다.

《성공의 연금술》

상대에게 무엇을 줄 수 있을까,

솔직하게 자문하라.

내가 가진 멋진 자질과 재능, 능력을

생각하고 널리 알려라.

《끌어당김의 기적》

즉시 행동하라.

과거나 미래에 행동할 수는 없다.

과거는 사라졌고,

미래는 아직 오지 않았다.

《부의 초월자》

부는 내 것이고

삶에서 순환하고 있다는 생각을

잠재의식에 각인하면

어떤 형태로든 부가 굴러들어 온다.

《잠재의식의 힘》

특정 분야를 전문 분야로 삼아
다른 누구보다도 그 분야에 대해
잘 알게 되도록 노력하라.

《잠재의식의 힘》

May

25

잠재의식 안에 갇힌 능력을 풀어서

내가 원하는 것을

느끼고 생각하게 해주는 열쇠가

이미 나에게 있다.

《부의 초월자》

생각은 사물이고, 비슷한 느낌의 사물을
끌어당기며 상상하는 모습에
가까워진다는 걸 모르는 사람은
영적으로 눈이 먼 사람이다.

《끌어당김의 기적》

내가 하는 일을

깊게 파고 들어가 보고

생생하게 경험하라.

《성공의 연금술》

READING TRACKER

○○○○○

Aug.

05

TODAY'S EMOTIONS

☺ 😐 ☹

온종일 되새기는 생각이 나를 만든다.

《영적 성장의 비밀》

기억만 있고 상처는 없다면,

누군가를 진정으로 용서했다는 뜻이다.

《영적 성장의 비밀》

리더십을 가지려면 잠재의식에
두 가지 조건을 심어주어야 한다.
내가 원하는 일이 일어날 수 있고,
일어나리라고 믿는 것이다.

《성공의 연금술》

나와 소망이 하나가 됨을 느낄 때
우주 에너자이저가 대신
움직여 소망을 이루어준다.

《끌어당김의 기적》

행동을 수반하지 않는 생각은
잠재의식의 힘을 오해한 사람들이
자주 빠지는 함정이다.
생각을 행동으로 보완하라.

《부의 초월자》

나를 위한 답과 완벽한 해결책이
존재한다고 확신하라.
결과에 대한 한결같은 믿음을 지녀라.

《잠재의식의 힘》

우리는 모두 타고난 치유자다.

무한한 치유력이 우리 안에 있다는

믿음을 가지면

무한한 치유력과 맞닿을 수 있다.

《끌어당김의 기적》

나는 나 자신을 일으키고
놀라울 정도로 높은 곳으로
도약할 수 있다.

《성공의 연금술》

목표를 정확히 상상하면
잠재의식이 놀라운 힘을 발휘해
성공에 필요한 것들을 가져다줄 것이다.

《잠재의식의 힘》

"나와 인연이 닿은
모든 사람을 도와줄 것이며,
그들에게 봉사할 기회를
기쁜 마음으로 맞이할 것입니다."

《부의 초월자》

Jul.
31

"지금부터 이 문제를 정면으로
맞서 극복하겠습니다.
이 문제는 마음속 그림자일 뿐이니
그림자에 힘을 실어주지 않겠습니다."

《성공의 연금술》

Jun.

01

잠재의식에 있는

무한한 지성은

답을 알고 있다.

《잠재의식의 힘》

나는 내 우주에서 생각하는 유일한 사람이다.

종일 하는 생각이 나를 만든다.

생각과 느낌이 곧 나이고,

내가 생각한 대로 된다.

《영적 성장의 비밀》

기쁨의 원리는 있지만

슬픔의 원리는 없다.

진실의 원리는 있지만

부정의 원리는 없다.

《영적 성장의 비밀》

성공을 못 하는 이유가 무엇인지
고민하는 걸 멈추고,
성공할 수 있는 이유를 생각하라.

《부의 초월자》

꿈은 신호다.

잠재의식이 계속 반복해서

신호를 보낸다는 건

특별한 의미가 있다는 뜻이다.

《끌어당김의 기적》

내가 찾고 있는 것도
나를 찾고 있다는 사실을
늘 기억하라.

《잠재의식의 힘》

부에 대한 의식이 부를 낳는다.

손을 뻗기만 하면

무한한 풍요로움을 얻을 수 있다.

《부의 초월자》

꿈을 포기하는 건 죽음과 같다.

마음속 멋진 아이디어가 태어나려고 하다가

그 자리에서 시들어

결실을 보지 못하는 것과 같다.

《끌어당김의 기적》

끈기는 세상 모든 걸 이길 수 있으며
재능은 인내를 대신할 수 없다.

《성공의 연금술》

Jul.

26

업보나 과거는

나의 발목을 잡고 있지 않다.

《영적 성장의 비밀》

현실을 객관적으로
바라보지 못하는 이유는
내가 믿는 대로
보고 싶어 하기 때문이다.

《영적 성장의 비밀》

다른 사람의 견해에 감수성을 가져라.
다른 팀원들의 의견을 경청하라.

《성공의 연금술》

의지와 상상력이 대립하면
언제나 상상력이 이긴다.
즉 잠재의식은 강제할 수 없고
정신적 상상으로만 움직일 수 있다.

《끌어당김의 기적》

자기 자신과 타인을 진심으로 믿으면
자신과 타인의 삶에서
엄청난 기적이 일어난다.

《부의 초월자》

타인에게 친절하거나 불친절하게
대하는 건 내 손에 달렸다.
이게 바로 성격을 갈고닦는
최고의 방법이다.

《잠재의식의 힘》

생각과 감정은 내가 만든다.

사람은 자신이 믿는 것을 만들어낸다.

《잠재의식의 힘》

무엇을 생각할지는 내 선택에 달려 있다.

손해를 보거나 고통을 입었더라도

일어난 일을 어떻게 생각할지는

내 선택에 달려 있다.

《부의 초월자》

내가 하는 일 모두

나를 온전하게 만든다고 상상하고 느껴라.

사람들이 나를 받아들이고 인정하며

성공적인 삶을 살리라고 믿어라.

《끌어당김의 기적》

천재도
인내를 이길 수는 없다.

《성공의 연금술》

운명을 결정하는 건
성품이다.

《영적 성장의 비밀》

용서는 망각이다.

이와 같은 방식으로 용서하면

어떤 사람에 대한 개념을 바꿀 수 있다.

《영적 성장의 비밀》

선한 의지를 퍼뜨리면

내 앞길을 막아서 비참하게 만들던 적들이

얼마나 빠르게 사라지는지

놀라게 될 것이다.

《성공의 연금술》

Jun.
12

나는 믿는 대로 된다.
내가 진정으로 믿는 바를
세상에 드러내고 객관적으로
구현하기 때문이다.

《끌어당김의 기적》

고요한 상태에서 미소를 띤 채 휴식하면
무한한 힘과 만날 수 있다.
현명한 침묵 속에서는 에너지, 힘,
영감, 지혜가 모습을 드러낸다.

《부의 초월자》

잠재의식은 은행과 같아서
맡겨둔 생각을 불린다.
잠재의식에 쌓인 건설적인 생각은
풍요와 번영을 가져올 것이다.

《잠재의식의 힘》

기쁜 마음으로 최고를 기대하며 살아라.
그러면 내 삶이 최고의 것들로
가득 찰 것이다.

《잠재의식의 힘》

내면의 힘이 모든 문제를
해결한다는 사실을 깨달아라.
용기를 갖고 자신 있게 모든 도전에 맞서라.
그러면 믿는 대로 될 것이다.

《부의 초월자》

어떤 태도와 믿음을 가졌느냐에 따라

세상은 천국이 될 수도 있고,

지옥이 될 수도 있다.

나는 무엇을 믿는가?

《끌어당김의 기적》

변화를 두려워하지 마라.
내 능력에 자신감을 가지고
새롭고 상상력 넘치는 아이디어로
도전을 마주하라.

《성공의 연금술》

자신의 능력과 자질, 성향, 적성, 특성이
부모나 조부모 또는 선조에게서
나온다고 생각하는 건 어리석은 일이다.

《영적 성장의 비밀》

생명의 법칙은 곧 믿음의 법칙이다.
삶에서 일어나는 문제는
내가 무언가를 잘못 생각하고 있다는
자연의 경고 신호다.

《영적 성장의 비밀》

Jul.

15

다른 사람이

하기 싫어하는 업무를

자진해서 해보자.

《성공의 연금술》

결말부터 상상하라.

지금 소망의 현실성을 상상하고,

소망을 이룬 후 취할

행동을 하면서 살라는 뜻이다.

《끌어당김의 기적》

생각을 마음의 왕좌에 앉혀라.

내가 상상하는 모습이 곧 내가 된다.

상상으로 나의 세계를 새롭게 창조할 수 있다.

《부의 초월자》

잠재의식은 내가 베푼
선의와 사랑을 복리로 불려
되돌려 줄 것이다.

《잠재의식의 힘》

이마에 땀을 흘리며

열심히 일해서 부를 축적한다면

무덤에서야

부자가 될 수 있을 것이다.

《잠재의식의 힘》

현재는 수년간 의식적, 무의식적으로

습득하고 반복해 온

수천 가지 생각, 이미지, 감정이

습관처럼 쌓여 나타난 결과다.

《부의 초월자》

잠재의식은 그냥 뱉는 말이든 진심으로

상상하는 것이든 구분 없이 받아들이므로,

확언은 내면의 갈등이 없을 때

효과를 발휘한다.

《끌어당김의 기적》

노력하지 않는 게
진정한 실패다.

《성공의 연금술》

결말을 상상하면 잠재의식은
내가 알지 못하는 방식으로
결말을 지을 것이다.

《영적 성장의 비밀》

Jun.
21

매일 나를 위한 시간을
한 시간씩 내라.
그 시간 동안에는 방해받지 않고
나에게 집중해야 한다.

《영적 성장의 비밀》

자기 확신은
두려움의 완벽한 해독제다.

《성공의 연금술》

현재의식과 잠재의식이
특정한 목적을 이루기 위해
함께 조화롭게 기능할 때
영적인 마음의 치유가 이루어진다.

《끌어당김의 기적》

환경이 운명을 결정짓지 않는다.

오히려 반대다.

세상을 바라보는 관점이나 느낌이

경험이나 상황, 주변 환경을 결정짓는다.

《부의 초월자》

삶은 사람을 편애하지 않는다.
조화, 건강, 기쁨, 평화의 원칙에 따라
살아간다면 삶은 내 편을 들어준다.

《잠재의식의 힘》

부자가 되는 걸 막는
정신적인 장벽을 치워라.

《잠재의식의 힘》

좋은 것을 생각하면 좋은 것이 따라오고,
나쁜 것을 생각하면 나쁜 것이 따라온다.
나에게 영향을 미치는 것은
내 생각뿐이다.

《부의 초월자》

우리는 자기 안에 있는
엄청난 초자연적인 힘을
인식해야 한다.

《끌어당김의 기적》

실패는 성공의 일부다.

실패는 성공이라는 게임을

계속해 나갈 수 있는 열쇠이기도 하다.

《성공의 연금술》

인생은 좋고
살 만한 가치가 있다고 믿어라.
그렇게 믿으면
정말 멋진 삶을 산다.

《영적 성장의 비밀》

밤에 잠자리에 들 때
침착하게 힘을 빼고 감정을 실어
'부자'라는 단어를 반복해 보자.

《잠재의식의 힘》

내가 마음에 품는 생각은
하나의 개념이 된다.
나는 잠재의식을 아이디어와 이상으로
가득 채워 인상을 남긴다.

《성공의 연금술》

마음의 법칙은 시공간을 초월하므로
과거에 무슨 일이 있었느냐는 중요하지 않다.
지금 바꿀 수 있다!

《영적 성장의 비밀》

내 안에 있는

무한한 저장고를 정신적으로

두드리는 일부터 시작하라.

《부의 초월자》

다른 사람을 위해 기도하는 것은
자신을 위해 기도하는 것이다.

《끌어당김의 기적》

믿음과 자신감을 가지고

목표에 영양분을 공급하고

정신적 등가물을 세웠을 때

꽃이 만개하듯 갑자기 해답이 나타날 것이다.

《끌어당김의 기적》

재물이 흐르는 삶을 살려면

자기 자신뿐 아니라

타인의 이익을 위해 재물을 사용해야 한다.

그래야만 재물이 흐른다.

《부의 초월자》

만약 나를 따라다니는
징크스가 있다고 잠재의식에 말하면,
잠재의식은 일을 더 어렵게 만들 것이다.

《영적 성장의 비밀》

"돈이 좋습니다. 돈을 사랑합니다.
나는 현명하고 건전하며 분별력 있게
돈을 사용합니다.
돈이 삶에서 끊임없이 순환하고 있습니다."

《잠재의식의 힘》

아침에 눈을 떴을 때 걱정부터 하지 말고
조화와 평화, 아름다움, 올바른 행동,
사랑과 이해를 생각해 보라.

《성공의 연금술》